惠景間侯者年表第七　史記十九

大史公讀列封至便侯索隱曰便音鞭縣名吳淺所封曰有以也夫長沙王者著令甲稱其忠焉鄧展曰漢約非劉氏不王如芮王故著令使特王或曰以芮至忠故著令也瓚曰漢以芮忠故特王之以非制故特著令昔高祖定天下功臣非同姓疆土而王者八國索隱曰謂齊王韓信韓王韓信燕王盧綰梁王彭越趙王張耳淮南王英布臨江王共敖長沙王吳芮也至孝惠時唯獨長沙全禪五世以無嗣絕徐廣曰孝文後七年靖王著薨無嗣。索隱曰禪者傳也案諸侯王表芮國至五世而絕也竟無過爲藩守職信矣故其澤流枝庶毋功而侯者數人索隱曰案此表芮子淺封便侯傳至玄孫又封成王臣之子爲沅臨侯亦至曾孫及孝惠訖孝景間五十載追脩高祖時遺功臣及從代來吳楚之勞諸侯子弟若肺腑索隱曰肺音柿腑音附柿木札也附木皮也以喻人主踈末之親如木札出於木樹皮附於樹也詩云如塗塗附注云附木皮是也外國歸義封者九十有餘咸表始終當世仁義成功之著者也異姓國八王者吳芮英布張耳臧荼韓王信彭越盧綰韓信也

國名	侯功	孝惠七	高后八	孝文二十三	孝景十六	建元至元封六年三十六	太初已後
便索隱曰漢志縣名屬桂陽便音鞭	長沙王子侯二千石	七元年九月頃王吳淺元年	八	二十二一後七年恭侯信元年	五十一前六年侯廣志元年	二十九元鼎五年侯千秋坐酎金國除	

國名	軑 音大。索隱曰縣名在江夏	平都 索隱曰屬東海
侯功	長沙相侯七百戶	以齊將高祖三年降定齊侯千戶
孝惠七	二年四月庚子侯利倉元年。索隱曰漢書作軑侯朱倉 六	五年六月乙亥孝侯劉到元年 二
高后八	二 三年侯豨元年 六	八
孝文二十三	十五 十六年侯彭祖元年 八	二 三年侯成元年 二十一
孝景十六	十六	十四 後元二年侯成有罪國除
建元至元封六年三十六	元封元年侯秩為東海太守行過不請擅發卒兵為衛當斬會赦國除 三十	

右孝惠時三

國名	扶柳 索隱曰縣名屬信都	郊 索隱曰縣名屬沛郡一作汶	南宮 索隱曰縣名屬信都
侯功	高后姊長姁子侯	呂后兄悼武王身佐高祖定天下呂氏佐高祖治天下天下大安封武王少子產為郊侯	以父越人為高祖騎將從軍以大中大夫侯
孝惠七			
高后八	元年四月庚寅侯呂平元年 七 八年侯平坐呂氏事誅國除	元年四月辛卯侯呂產元年 五 六年七月壬辰產為呂王國除 高后八年九月產以呂王為漢相謀為不善大臣誅產遂滅諸呂	元年四月丙寅侯張買元年 七 高后八年侯買坐呂氏事誅國除
孝文二十三			
孝景十六			
建元至元封六年三十六			
太初已後			

梧 索隱曰縣名屬彭城	以軍匠從起郟入漢後為少府作長樂未央宮築長安城先就功侯五百戶		元年四月乙酉齊侯陽成延元年 六 七年敬侯去疾元年 二	二十三	九 中元三年靖侯偃元年 七	八 元光三年侯戎奴元年 十四 元狩五年侯戎奴坐謀殺季父棄市國除	
平定 索隱曰漢志闕或鄉名	以卒從高祖起留以家車吏入漢以梟騎都尉擊項籍得樓煩將功用齊丞相侯一云項涓		八 元年四月乙酉敬侯齊受元年	一 二年齊侯市人元年 四 六年恭侯應元年 十八	十六	七 元光二年康侯延居元年 十八 元鼎二年侯昌元年 二 元鼎四年昌有罪國除	
博成	以悼武王郎中兵初起從高祖起豐攻雍丘擊項籍力戰奉衛悼武王出滎陽功侯		元年四月乙酉敬侯馮無擇元年 三 四年侯代元年 四 高后八年侯代坐呂氏事誅國除				
沛 索隱曰縣名屬沛郡	呂后兄康侯少子侯奉呂宣王寢園		元年四月乙酉侯呂種元年 七 為不其侯 一 高后八年侯種坐呂氏事誅國除				
襄成 索隱曰縣名屬潁川	孝惠子侯		元年四月辛卯侯義元年 一 高后四年侯義為常山王國除				

贅其 索隱曰縣名屬臨淮	呂后昆弟子用淮陽丞相侯		四 四年四月丙申侯勝元年 八年侯勝坐呂氏事誅國除				
中邑	以執矛從高祖入漢以中尉破曹咎用呂相侯六百戶		五 四年四月丙申貞侯朱通元年	十七 後元二年侯悼元年 六	十五 後元三年侯悼有罪國除		
樂成	以隊卒從高祖起沛屬皇訢以郎擊陳餘用衛尉侯六百戶		二 四年四月丙申簡侯衛無擇元年 六年恭侯勝元年 三	二十三	十五 後元三年侯修元年 一	五 建元六年侯修坐以買田宅不法又請求吏罪國除	
山都	高祖五年為郎中柱下令以衛將軍擊陳豨用梁相侯		四年四月丙申貞侯王恬開元年 五	三 四年惠侯中黃元年 二十	三 四年敬侯觸龍元年 十三	二十三 元狩五年侯當元年 八 元封元年侯當坐與奴闌入上林苑國除	
松茲 徐廣曰松一作祝。索隱曰縣名屬廬江	兵初起以舍人從起沛以郎吏入漢還得雍王邯家屬功用常山丞相侯		四年四月丙申夷侯徐厲元年 五	六 七年康侯悼元年 十七	十二 中元六年侯偃元年 四	五 建元六年侯偃有罪國除	

成陶 徐廣曰一作陰。索隱曰漢志地闕	俞 如淳曰音輸。索隱曰縣名屬清河	滕 索隱曰劉氏云作勝恐誤今按滕縣屬沛郡	醴陵 索隱曰縣名屬長沙	呂成	東牟 索隱曰縣名屬東萊
以卒從高祖起單父爲呂氏舍人度呂氏淮之功用河南守侯五百戶	以連敖從高祖破秦入漢以都尉定諸侯功比朝陽侯嬰死子它襲功用太中大夫侯。索隱曰它音駞	以舍人郎中十二歲以都尉屯霸上用楚相侯	以卒從漢王三年初起櫟陽以卒吏擊項籍爲河內都尉長沙相侯六百戶	呂氏昆弟子侯	齊悼惠王子侯
四年四月丙申夷侯周信元年 五	四 四年四月丙申侯呂它元年 八年侯它坐呂氏事誅國除	四 四年四月丙申侯呂更始元年 八年侯更始坐呂氏事誅國除	四年四月丙申侯越元年 五	四 四年四月丙申侯呂忿元年 八年侯忿坐呂氏事誅國除	六年四月丁酉侯劉興居元年 三
十一 十二年孝侯勃元年 三 十年侯勃有罪國除			三 孝文四年侯越有罪國除		一 孝文二年侯興居爲濟北王國除

鍾 一作鉅。索隱曰縣名屬東萊	呂肅王子侯		六年四月丁酉侯呂通元年 二 高后八年侯通爲燕王坐呂氏事國除				
信都 索隱曰縣名屬信都	以張敖魯王元太后子侯		八年四月丁酉侯侈元年 一	孝文元年侯侈有罪國除			
樂昌	以張敖魯王元太后子侯		八年四月丁酉侯受元年 一	孝文元年侯受有罪國除			
祝茲 索隱曰漢書作琅邪	呂后昆弟子侯		八年四月丁酉侯呂榮元年坐呂氏事誅國除				
建陵 索隱曰漢表在東海	以大謁者侯宦者多奇計		八年四月丁酉侯張澤元年高后八年九月奪侯國除。索隱曰澤一名釋				
東平 徐廣曰一作康。索隱曰縣名屬東平	以燕王呂通弟侯		八年五月丙辰侯呂莊元年坐呂氏事誅國除				

右高后時三十一

	陽信	軹	壯武	清都	周陽
國名	陽信 索隱曰表在新野志屬勃海恐有二縣	軹 索隱曰縣名屬河內	壯武 索隱曰縣名屬膠東	清都 徐廣曰一作鄡音苦堯反。索隱曰漢表作鄡侯鄡太原縣	周陽 索隱曰縣名屬上郡
侯功	高祖十二年爲郎以典客奪趙王呂祿印關殿門拒呂產等入共尊立孝文侯二千戶	高祖十年爲郎從軍十七歲爲太中大夫迎孝文代用車騎將軍迎太后侯萬戶薄太后弟	以家吏從高祖起山東以都尉從之滎陽食邑以代中尉勸代王入驂乘至代邸王卒爲帝功侯千四百戶	以齊哀王舅父侯。索隱曰舅父即舅猶姨曰姨母也	以淮南厲王舅父侯
孝惠					
高后					
孝文二十三	元年二月辛丑侯劉揭元年 十四 十五年侯中意元年 九	元年四月乙巳侯薄昭元年 十 十年易侯戎奴元年 十三	元年四月辛亥侯宋昌元年 二十三	元年四月辛未侯駟鈞元年 五 孝文前六年鈞有罪國除	元年四月辛未侯趙兼元年 五 孝文前六年兼有罪國除
孝景十六	景帝六年侯中意有罪國除 五	十六	中元四年侯昌奪侯國除 十一		
		建元二年侯梁元年 一			

樊 索隱曰縣名屬東平	以睢陽令高祖初起從阿以韓家子還定北地用常山相侯千二百戶			十四 元年六月丙寅侯蔡兼元年 九 十五年康侯客元年徐廣曰客一作容	九 中元三年恭侯平元年 七	十三 元朔二年侯辟方元年 十四 元鼎四年侯辟方有罪國除	
管 索隱曰管古國今為縣屬滎陽	齊悼惠王子侯			二 四年五月甲寅恭侯劉罷軍元年 十八 六年恭侯戎奴元年	二 三年侯戎奴反國除		
瓜丘 索隱曰縣在魏郡	齊悼惠王子侯			十一 四年五月甲寅侯劉甯國元年 九 十五年侯偃元年	二 三年侯偃反國除		
營 索隱曰表在濟南	齊悼惠王子侯			十 四年五月甲寅平侯劉信都元年 十 十四年侯廣元年	二 孝景三年侯廣反國除		
楊虛	齊悼惠王子侯			十二 四年五月甲寅恭侯劉將廬元年。索隱曰漢書作將閭 十六年侯將廬為齊王有罪國除			
杸 音力。索隱曰縣名屬平原	齊悼惠王子侯。索隱曰為濟南王			十二 四年五月甲寅侯劉辟光元年 十六年侯辟光為濟南王國除			

國名	侯功						
安都	齊悼惠王子侯。索隱曰爲濟北王			十二 四年五月甲寅侯劉志元年 十六年侯志爲濟北王國除			
平昌 索隱曰縣名屬平原	齊悼惠王子侯。索隱曰爲膠西王			十二 四年五月甲寅侯劉卬元年 十六年爲膠西王國除			
武城 索隱曰漢志闕九闕者或鄉名或尋廢故志不載	齊悼惠王子侯。索隱曰爲菑川王			十二 四年五月甲寅侯劉賢元年 十六年侯賢爲菑川王國除			
白石 索隱曰縣名屬金城	齊悼惠王子侯。索隱曰爲膠東王			十二 四年五月甲寅侯劉雄渠元年 十六年侯雄渠爲膠東王國除			
波陵 索隱曰漢表波作泜音坻	以陽陵君侯			五 七年三月甲寅康侯魏駟元年 孝文十二年康侯魏駟薨無後國除			
南鄭 徐廣曰一作朝。索隱曰韋昭音貞一音程李彤云河南有鄭亭音頹	以信平君侯			七年三月丙寅侯起元年。索隱曰起名也史失其姓 孝文時坐復父故奪爵級關內侯			

阜陵 索隱曰縣名屬九江	以淮南厲王子侯			八 八年五月丙午侯劉安元年 孝文十六年安為淮南王國除			
安陽 索隱曰縣名屬馮翊	以淮南厲王子侯			八 八年五月丙午侯劉勃元年 孝文十六年侯勃為衡山王國除			
陽周	以淮南厲王子侯 索隱曰為盧江王			八 八年五月丙寅劉賜元年 孝文十六年侯賜為盧江王國除			
東城 索隱曰縣名屬九江	以淮南厲王子侯			七 八年五月丙寅哀侯劉良元年 孝文十五年侯良薨無後國除			
犂 索隱曰縣名屬東郡	以齊相召平子侯千四百一十戶			十一 十年四月癸丑頃侯召奴元年 三 後五年侯澤元年	十六	十六 元朔五年侯延元年 十九 元封六年侯延坐不出持馬斬國除	
缾 索隱曰縣名屬琅耶	以北地都尉孫卬匈奴入北地力戰死事子侯			十 十四年三月丁巳侯孫鄲元年	二 孝景前二年侯鄲謀反國除		

弓高 索隱曰漢表在營陵	襄成 索隱曰志屬潁川	故安 索隱曰縣名屬涿郡	章武 索隱曰縣名屬勃海
以匈奴相國降故韓王信孽子侯千二百三十七戶	以匈奴相國降侯故韓王信太子之子侯千四百三十二戶	孝文元年舉淮陽守從高祖入漢功侯食邑五百戶用丞相侯一千七百一十二戶	以孝文后弟侯萬一千八百六十九戶
十六年六月丙子莊侯韓穨當元年 八	十六年六月丙子哀侯韓嬰元年 七 後元七年侯澤之元年 一	後元三年四月丁巳節侯申屠嘉元年 五	後元七年六月乙卯景侯竇廣國元年 一
十六 前元年侯則元年	十六	二 前三年恭侯蔑元年 十四	六 前七年恭侯完元年 十
十六 元朔五年侯則薨無後國除	十五 元朔四年侯澤之坐詐病不從不敬國除	十九 元狩二年清安侯臾元年 五 元鼎元年侯臾坐為九江太守有罪國除	八 元光三年侯常坐元年 十 元狩元年侯常坐謀殺人未殺罪國除

南皮 索隱曰縣名屬渤海	右孝文時二十八	平陸 索隱曰縣名屬西河又有東平陸在東平	休	沈猶 索隱曰漢表在高苑
以孝文后兄竇長君子侯六千四百六十戶		楚元王子侯三千二百六十七戶	楚元王子侯	楚元王子侯千二百八十戶
後元七年六月乙卯侯竇彭祖元年 一				
十六	孝景十六	元年四月乙巳侯劉禮元年一云乙卯 二 孝景三年侯禮為楚王國除	元年四月乙巳侯富元年 二 孝景三年侯富以兄子戊為楚王反富與家屬至長安北闕自歸不能相教上印綬詔復王後以平陸侯為楚王更封富為紅侯	元年四月乙巳夷侯劉穢元年 十六
五 建元六年夷侯良元年 五 元光五年侯桑林元年 十八 元鼎五年侯桑林坐酎金罪國除				四 建元五年侯受元年 十八 元狩三年侯受坐故為宗正聽謁不具宗室不敬國除

紅	楚元王子侯千七百五十户	索隱曰楚元王傳休侯富免後封紅侯此則並列誤也漢表一書而已紅休蓋二鄉名王莽封劉歆為紅休侯一云紅即虹縣	三年四月乙巳莊侯富元年一云禮侯 四 前七年悼侯澄元年 九 中元年敬侯發元年發一作嘉	十五 元朔四年侯章元年 一 元朔五年侯章薨無後國除	
宛朐 索隱曰縣名屬濟陰	楚元王子侯		元年四月乙巳侯劉埶元年。索隱曰蕭該埶音藝 二 孝景三年侯埶反國除		
魏其 索隱曰縣名屬琅邪	以大將軍屯滎陽扞吳楚七國反已破為侯三千三百五十户		三年六月乙巳侯竇嬰元年 十四	建元元年為丞相二歲免 九 元光四年侯嬰坐爭灌夫事上書稱為先帝詔矯制害棄市國除	
棘樂	楚元王子侯户千二百一十三		三年八月壬子敬侯劉調元年 十四	建元二年恭侯應元年 二十 元朔元年侯慶元年 十六 元鼎五年侯慶坐酎金國除	

國名	侯功	孝惠	高后	孝文	孝景	建元至元封
俞 索隱曰俞音輸縣名屬清河	以將軍吳楚反時擊齊有功布故彭越舍人越反時布使齊還巳梟越布祭哭之當亨出忠言高祖赦之黥布反布為都尉戶千八百				六 六年四月丁卯侯欒布元年 中元五年侯布薨	元狩六年侯賁坐為太常廟犧牲不如令有罪國除一云元朔二年侯賁元年
建陵	以將軍擊吳楚功用中尉侯戶一千三百一十				六年四月丁卯敬侯衛綰元年 十一	十 元光五年侯信元年 十八 元鼎五年侯信坐酎金國除
建平 索隱曰縣名屬沛郡	以將軍擊吳楚功用江都相侯戶三千一百五十				六年四月丁卯哀侯程嘉元年 十一	七 元光二年節侯橫元年 一 元光三年侯回元年 一 元光四年侯回薨無後國除
平曲 索隱曰漢表在高城	以將軍擊吳楚功用隴西太守侯戶三千二百二十				六年四月巳巳侯公孫昆邪元年。索隱曰漢書昆作渾 五 中元四年侯昆邪有罪國除太僕賀父	

江陽 索隱曰縣在東海	以將軍擊吳楚功用趙相侯戶二千五百四十一				六年四月壬申康侯蘇嘉元年 徐廣曰蘇一作籍 索隱曰漢表作蘇息 四 中元二年懿侯盧元年 徐廣曰一作哀侯 七	建元三年 二十 侯明元年 元朔六年 六 侯雕元年 元鼎五年 十一 侯雕坐酎金國除	
遽 索隱曰漢表鄉名在常山	以趙相建德王遂反建德不聽死事子侯戶千九百七十				中元二年四月乙巳侯橫元年。索隱曰史失其姓 六 後元二年侯橫有罪國除		
新市 索隱曰縣名屬鉅鹿	以趙內史王慎王遂反慎不聽死事子侯戶一千十四				中元二年 五 四月乙巳侯康元年 三 後元元年殤侯始昌元年	九 元光四年殤侯始昌為人所殺國除	
商陵 索隱曰漢表在臨淮	以楚太傅趙夷吾王戊反不聽死事子侯一千四十五戶				中元二年四月乙巳侯周元年 八	二十九 元鼎五年侯周坐為丞相知列侯酎金輕下廷尉自殺國除	

山陽	以楚相張尚王戊反尚不聽死事子侯戶千一百一十四				中元二年四月乙巳侯當居元年 八	十六 元朔五年侯當居坐爲太常程博士弟子故不以實罪國除徐廣曰程一作澤	
安陵	以匈奴王降侯戶一千五百一十七				中元三年十一月庚子侯子軍元年 七	五 建元六年侯子軍薨無後國除	
垣 索隱曰縣名屬河東	以匈奴王降侯				中元三年十二月丁丑侯賜元年 三 六年賜死不得及嗣		
道 索隱曰縣名屬涿郡音兹鴆反	以匈奴王降侯戶五千五百六十九				中元三年十二月丁丑侯隆彊元年不得隆彊嗣	後元年四月甲辰侯則坐使巫齊少君祠祝詛上大逆無道國除 徐廣曰漢書云武後二年	
容成 索隱曰縣名屬涿郡	以匈奴王降侯七百戶				中元三年十二月丁丑侯唯徐盧元年 七	十四 建元二年康侯綽元年 二 元朔三年侯光元年	十八 後三年五月壬辰侯光坐祠祝詛國除

易 索隱曰縣名屬涿郡	范陽 索隱曰縣名屬涿郡	翕 索隱曰漢表在內黃	亞谷 索隱曰一作亞父漢表在河內	隆慮 索隱曰音林閭縣名屬河內
以匈奴王降侯	以匈奴王降侯戶千一百九十七	以匈奴王降侯	以匈奴東胡王降故燕王盧綰子侯千五百戶	以長公主嫖子侯戶四千一百二十六
中元二年十二月丁丑侯僕黥元年 六 後元二年侯僕黥薨無嗣	中元三年十二月丁丑端侯代元年 七	中元三年十二月丁丑侯邯鄲元年 七	二 中元五年四月丁巳簡侯它父元年 三 後元元年安侯種元年	中元五年五月丁丑侯蟜元年 五 徐廣曰按本紀乃前五年非中元年
	七 元光二年懷侯德元年 二 元光四年侯德薨無後國除	九 元光四年侯邯鄲坐行來不請長信不敬國除	十一 建元元年康侯偏元年 二十四 元光六年侯賀元年	二十四 元鼎元年侯蟜坐母長公主薨未除服姦禽獸行當死自殺國除
			十五 征和三年七月辛巳賀坐太子事國除	

乘氏	索隱曰縣名屬濟陰	以梁孝王子侯				一 中元五年五月丁卯侯買元年 中元六年侯買嗣爲梁王國除		
桓邑		以梁孝王子侯				一 中元五年五月丁卯侯明元年 孝景中六年爲濟川王國除		
蓋	索隱曰漢表在渤海	以孝景后兄侯戶二千八百九十				五 中元三年五月甲戌靖侯王信元年	二十 元狩三年侯偃元年 八 元鼎五年侯偃坐酎金國除	
塞		以御史大夫前將軍兵擊吳楚功侯戶千四十六				三 後元元年八月侯直不疑元年	三 建元四年侯相如元年 十二 元朔四年侯堅元年 十三 元鼎五年堅坐酎金國除	
武安	索隱曰縣名屬魏郡	以孝景后同母弟侯戶八千三百一十四				一 後元三年三月侯田蚡元年	九 元光四年侯梧元年 五 元朔三年侯梧坐衣襜褕入宮廷中不敬國除	

周陽 索隱曰縣名屬上郡	以孝景后同母弟侯戶六千五 十一				後元三年三月懿侯田勝元年 一	十二 元光六年侯彭祖元年 八 元狩二年侯彭祖坐當歸與章侯宅不與罪國除

右孝景時三十一

索隱述贊曰

惠景之際　天下已平　諸呂構禍

吳楚連兵　條侯出討　壯武奉迎

薄竇恩澤　張趙忠貞　本枝分蔭

外腑歸誠　新市死事　建陵勳榮

咸開青社　俱受冊青　旋竊甲令

吳便有聲

惠景間侯者年表第七　史記十九

建元以來侯者年表第八（索隱曰七十二國太史公舊餘四十五國褚先生補也）　史記二十

太史公曰匈奴絶和親攻當路塞閩越擅伐東甌請降二夷交侵當盛漢之隆以此知功臣受封侔於祖考矣何者自詩書稱三代戎狄是應荆荼是徵（毛詩傳曰應當也鄭玄曰徵艾。索隱曰荼音舒徵音澄）齊桓越燕伐山戎武靈王以區區趙服單于秦繆用百里霸西戎吳楚之君以諸侯役百越況乃以中國一統明天子在上兼文武席卷四海內輯億萬之衆豈以晏然不為邊境征伐哉自是後遂出師北討彊胡南誅勁越將卒以次封矣

國名	侯功	元光	元朔	元狩	元鼎	元封	太初已後
翕（索隱曰音吸案漢表在內黄）	匈奴相降侯元朔二年屬車騎將軍擊匈奴有功益封	三 四年七月壬午侯趙信元年	五 六年侯信為前將軍擊匈奴遇單于兵敗信降匈奴國除				
持裝（索隱曰漢表裝作𩋾在南陽）	匈奴都尉降侯	一 六年後九月丙寅侯樂元年	六	六	元鼎元年侯樂死無後國除		

國名	侯功	元光	元朔	元狩	元鼎	元封	太初
親陽 索隱曰漢表在舞陽	匈奴相降侯	三 四年十月癸巳侯月氏元年	五 元朔五年侯月氏坐亡斬國除				
若陽 索隱曰表在平氏	匈奴相降侯	三 四年十月癸巳侯猛元年	五 元朔五年侯猛坐亡斬國除				
南奅 徐廣曰匹孝反	以騎將軍從大將軍青擊匈奴得王功侯太初二年以丞相封爲葛繹侯		二 五年四月丁未侯公孫賀元年	六	四 元鼎五年賀坐酎金國除絶十歲		十三 太初二年三月丁卯封葛繹侯征和二年賀子敬聲有罪國除
合騎 索隱曰表在高城	以護軍都尉三從大將軍擊匈奴至右賢王庭得王功侯元朔六年增封		二 五年四月丁未侯公孫敖元年	一 元狩二年侯敖將兵擊匈奴與驃騎將軍期後畏懦當斬贖爲庶人國除			
樂安 索隱曰表在昌地理志昌縣在琅耶	以輕車將軍再從大將軍青擊匈奴得王功侯		二 五年四月丁未侯李蔡元年	四 元狩五年侯蔡以丞相侵盜孝景園神道壖地罪自殺國除			

龍頟 索隱曰地理志縣名屬平原劉氏音額崔浩音洛屬齊又云今在河閒有龍頟村與弓高相近	隨成 索隱曰表在千乘	從平 索隱曰表在樂昌邑	長平 索隱曰地理志縣名屬汝南	平陵 索隱曰表在武當
以都尉從大將軍青擊匈奴得王功侯元鼎六年以橫海將軍擊東越功爲案道侯。索隱曰漢表以龍頟案道爲二人封非也韋昭云案道屬齊	以校尉三從大將軍青擊匈奴攻農吾先登石累得王侯功。索隱曰累音壘險阻地名漢表作壘音門	以校尉三從大將軍青擊匈奴至右賢王庭數爲鴈行上石山先登功侯	以元朔三年再以車騎將軍擊匈奴取朔方河南功侯元朔五年以大將軍擊匈奴破右賢王益封三千戶	以都尉從車騎將軍青擊匈奴功侯以元朔五年用游擊將軍從大將軍益封
二 五年四月丁未侯韓說元年	二 五年四月乙卯侯趙不虞元年	二 五年四月乙卯公孫戎奴元年	五 二年三月丙辰烈侯衛青元年。徐廣曰青以元封五年薨	五 二年二月丙辰侯蘇建元年
六	三 元狩三年侯不虞坐爲定襄都尉匈奴敗太守以聞非實坐謾國除。索隱曰謂上聞天子狀不實爲謾而國除謾音木干反	一 元狩二年侯戎奴坐爲上郡太守發兵擊匈奴不以聞謾國除	六	六
四 元鼎五年侯說坐酎金國絕二歲復侯			六	六 元鼎六年侯建爲右將軍與翕侯信俱敗獨身脫來歸當斬贖国除
六 元年五月丁卯按道侯說元年			六	
十三 征和三年子長代有罪絕子曾復封爲龍頟侯			太初元年今侯伉元年	

岸頭 索隱曰漢表在皮氏	平津	涉安	昌武 索隱曰表在武陽	襄城 索隱曰漢表作襄武侯不同案韓嬰亦封襄城侯地理志襄城在潁川襄武在隴西
以都尉從車騎將軍青擊匈奴功侯元朔六年從大將軍益封	以丞相詔所褒侯	以匈奴單于太子降侯	以匈奴王降侯以昌武侯從驃騎將軍擊左賢王功益封	以匈奴相國降侯
五 二年六月壬辰侯張次公元年	四 三年十一月乙丑獻侯公孫弘元年	三年四月丙子侯於單元年。索隱曰單音丹 三 五年卒無後國除	三 四月七月庚申堅侯趙安稽元年	三 四年七月庚申侯無龍元年一云乘龍
元狩元年次公坐與淮南王女陵姦及受財物罪國除	二 元狩三年侯慶元年 四		六	六
	六		六	六
	三 元封四年侯慶坐為山陽太守有罪國除		一 二年侯充國元年 三	六
			太初元年侯充國薨亡後國除	太初二年無龍從浞野侯戰死 一 二 四年侯病已元年

涉軹 索隱曰漢表軹在西安無涉字地理志西安在齊郡涉軹猶從驃然皆當時意也故上又有涉安侯	以校尉三從大將軍青擊匈奴至右賢王庭得王虜閼氏功侯		二 五年四月丁未侯李朔元年	元狩元年侯朔有罪國除			
宜春 索隱曰志縣名屬汝南豫章亦有之	以父大將軍青破右賢王功侯		二 五年四月丁未侯衛伉元年	六	元鼎元年侯伉坐矯制不害國除		
陰安 索隱曰志縣名屬魏郡	以父大將軍青破右賢王功侯		二 五年四月丁未侯衛不疑元年	六	四 元鼎五年侯不疑坐酎金國除		
發干 索隱曰志縣名屬東郡	以父大將軍青破右賢王功侯		一 五年四月丁未侯衛登元年	六	四 元鼎五年侯登坐酎金國除		
博望 索隱曰志縣名屬南陽	以校尉從大將軍六年擊匈奴知水道及前使絕國大夏功侯		一 六年三月甲辰侯張騫元年	一 元狩二年侯騫坐以將軍擊匈奴畏懦當斬贖國除			

冠軍 索隱曰縣名屬南陽	衆利 索隱曰表在陽城姑莫後以封伊即軒也	潦 索隱曰表在舞陽	宜冠 索隱曰冠音官表在昌也
以嫖姚校尉再從大將軍六年從大將軍擊匈奴斬相國功侯元狩二年以驃騎將軍擊匈奴至祁連益封迎渾邪王益封擊左右賢王益封	以上谷太守四從大將軍六年擊匈奴首虜千級以上功侯	以匈奴趙王降侯	以校尉從驃騎將軍二年出再擊匈奴功侯故匈奴歸義
一 六年四月壬申景桓侯霍去病元年	一 六年五月壬辰侯郝賢元年。索隱曰郝音呼惡反又音釋		
六	一 元狩二年侯賢坐為上谷太守入戍卒財物上計謾罪國除	一 元年七月壬午悼侯趙王煖訾元年。索隱曰煖音況遠反訾即移反 元狩二年煖訾死無後國除	二 二年正月乙亥侯高不識元年 元狩四年不識擊匈奴戰軍功增首不以實當斬贖罪國除
元鼎元年哀侯嬗元年 六			
元封元年哀侯嬗薨無後國除 徐廣曰嬗字子侯為武帝奉車登封泰山暴病死			

煇渠 索隱曰鄉名案表在魯陽煇上下並音徽	以校尉從驃騎將軍二年再出擊匈奴得王功侯 以校尉從驃騎將軍二年虜五王功益封匈奴歸義			五 二年二月乙丑忠侯僕多元年。索隱曰漢表作僕朋此云僕多與衛青傳同	三 元鼎四年侯電元年 三	六	四
從驃 索隱曰以從驃騎得封故曰從驃後封浞野侯	以司馬再從驃騎將軍數深入得兩王子騎將功侯 以匈河將軍元封三年擊樓蘭功復侯			五 二年五月丁丑侯趙破奴元年	四 元鼎五年侯破奴坐酎金國除	浞野 三年侯破奴元年 四	一 二年侯破奴以浚稽將軍擊匈奴失軍為虜所得國除
下麾 索隱曰表在猗氏麾音摀	以匈奴王降侯			五 二年六月乙亥侯呼毒尼元年	四 元鼎五年煬侯伊即軒元年 二	六	四
漯陰 索隱曰表在平原	以匈奴渾邪王將衆十萬降侯萬戶			四 二年七月壬午定侯渾邪元年	六 元鼎元年魏侯蘇元年。索隱曰魏謚蘇名謚法克捷行軍曰魏也	五 元封五年魏侯蘇薨無後國除	

煇渠 索隱曰韋昭云僕多所封則作煇渠應庀所封則作渾渠二者皆鄉名在魯陽今並作煇誤也案漢表及傳亦作煇孔文祥云同是元狩中封則邑分封二人也其義為得	以匈奴王降侯			四 三年七月壬午悼侯扁訾元年。索隱曰漢表作悼侯應庀庀讀為必二反扁北顯反訾子移反	一 二年侯扁訾死無後國除		
河綦 索隱曰表在濟南	以匈奴右王與渾邪降侯			四 三年七月壬午庚侯烏犂元年索隱曰漢書作烏犂	二 元鼎三年餘利鞮元年 四	六	四
常樂 索隱曰表在濟南	以匈奴大當戶與渾邪降侯			四 三年七月壬午肥侯稠雕元年。索隱曰漢書衛青傳作雕離	六	六	二 太初三年今侯廣漢元年
符離 索隱曰縣名屬沛郡	以右北平太守從驃騎將軍四年擊右王將重會期首虜二千七百人功侯 索隱曰將重將字上屬重者再也會期言再赴期將去聲重平聲			三 四年六月丁卯侯路博德元年	六	六	太初元年侯路博德有罪國除

	壯	衆利	湘成	義陽	散
	壯 索隱曰表在東平	衆利	湘成 索隱曰表在陽城	義陽 索隱曰表在平氏	散 索隱曰表在陽城
	以匈奴歸義因淳王從驃騎將軍四年擊左王以少破多捕虜二千一百人功侯	以匈奴歸義樓剸王從驃騎將軍四年擊右王手自劒合功侯。索隱曰剸音專手自劒謂手刺其王而合戰得封	以匈奴符離王降侯	以北地都尉從驃騎將軍四年擊左王得王功侯	以匈奴都尉降侯
	三 四年六月丁卯侯復陸支元年	三 四年六月丁卯侯伊即軒元年。索隱曰軒居言反	三 四年六月丁卯侯敞屠洛元年	三 四年六月丁卯侯衛山元年	三 四年六月丁卯侯董荼吾元年。索隱曰劉氏荼音大姑反蓋誤耳今以其人名余吾余吾匈奴水名也
	二 元鼎三年今侯偃元年 四	六	四 元鼎五年侯敞屠洛坐酎國除	六	六
	六	五 六年今侯當時元年 一		六	六
	四	四		四	二 太初三年今侯安漢元年 二

臧馬 索隱曰表在朱虛	**周子南君** 索隱曰表在長社	**樂通** 索隱曰韋昭云在臨淮高平	**瞭** 索隱曰音遼表在舞陽	**術陽** 索隱曰表在下邳	**龍亢** 索隱曰晉灼云龍闕左傳齊侯圍龍龍魯邑蕭該云廣德所封止是龍有亢者誤也
以匈奴王降侯	以周後紹封	以方術侯	以匈奴歸義王降侯	以南越王兄越高昌侯	以校尉摎世樂擊南越死事子侯。索隱曰摎居虬反
四年六月丁卯康侯延年元年 一 五年侯延年死不得置後國除					
	三 四年十一月丁卯侯姬嘉元年	一 四年四月乙巳侯五利將軍欒大元年五年侯大有罪斬國除	四年六月丙午侯次公元年 一 五年侯次公坐酎金國除	四年侯建德元年 一 五年侯建德有罪國除	二 五年三月壬午侯廣德元年
	三 四年君買元年 三				六 元封六年侯廣德有罪國除

成安 索隱曰表在郟志在陳留	以校尉韓千秋擊南越死事子侯				二 五年三月壬子侯延年元年	六 元封六年侯延年有罪國除	
昆 索隱曰表在鉅鹿	以屬國大且渠擊匈奴功侯				二 五年五月戊戌昆侯渠復累元年。索隱曰樂產累力委反顏師古音力追反	六	四
騏 索隱曰志屬河東表在北屈	以屬國騎擊匈奴捕單于兄功侯				二 五年五月壬子侯駒幾元年一云騎幾	六	四
梁期 索隱曰志屬魏郡	以屬國都尉五年間出擊匈奴得復累絺縵等功侯				二 五年七月辛巳侯任破胡元年	六	四
牧丘 索隱曰表在平原	以丞相及先人萬石積德謹行侯				二 五年九月丁丑恪侯石慶元年	六	二 三年侯德元年 二
瞭 索隱曰表在下邳	以南越將降侯				一 六年三月乙酉侯畢取元年。索隱曰初以封次公又封畢取	六	四

國名	將梁	安道 索隱曰表在南陽	隨桃 索隱曰表在南陽	湘成 索隱曰表在堵陽	海常 索隱曰表在琅耶	北石 索隱曰漢表作外石在濟南	下鄜 索隱曰漢表作鄜
侯功	以樓船將軍擊南越推鋒却敵侯	以南越揭陽令聞漢兵至自定降侯	以南越蒼梧王聞漢兵至降侯	以南越桂林監聞漢兵破番禺諭甌駱兵四十餘萬降侯	以伏波司馬捕得南越王建德功侯	以故東越衍侯佐繇王斬餘善功侯	以故甌駱左將斬西于王功侯
	一 六年三月乙酉侯楊僕元年	一 六年三月乙酉侯揭陽令定元年	一 六年四月癸亥侯趙光元年	一 六年五月壬申侯監居翁元年 索隱曰監官也居姓翁字	一 六年七月乙酉莊侯蘇弘元年		
	三 元封四年侯僕有罪國除	六	六	六	六	六 元年正月壬午侯吳陽元年	六 元年四月丁酉侯左將軍黃同元年○索隱曰西南夷傳甌駱將左黃同則左是姓恐誤漢表云將黃同則左將是官不疑
		四	四	四	太初元年侯弘死無後國除	三 太初四年今侯首元年	四

繚嫈 索隱曰繚音繚繞之繚嫈按字林音乙耕反西南夷傳音聊嫈	蘌兒 索隱曰韋昭云在吳越界今爲鄉也	開陵 索隱曰表在臨淮	臨蔡 索隱曰表在河內	東成 索隱曰表在九江	無錫 索隱曰表在會稽
以故校尉從橫海將軍說擊東越功侯	以軍卒斬東越徇北將軍功侯	以故東越建成侯與繇王共斬東越王餘善功侯	以故南越郎聞漢軍破番禺爲伏波得南越相呂嘉功侯	以故東越繇王斬東越王餘善功侯萬戶	以東越將軍漢兵至弃軍降侯
元年五月乙卯侯劉福元年 一 二年侯福有罪國除	六 元年閏月癸卯莊侯轅終古元年徐廣曰閏四月也	元年閏月癸卯侯建成元年 六	元年閏月癸卯侯孫都元年 六	元年閏月癸卯侯居服元年 六	元年侯多軍元年 六
	太初元年終古死無後國除	四	四	四	四

涉都 索隱曰表在南陽	平州 索隱曰表在梁父	荻苴 索隱曰音狄蛆表在渤海	澅清 索隱曰表在齊澅音獲水名在齊又音乎卦反	騠茲 索隱曰騠音啼表在琅耶	浩
以父弃故南海守漢兵至以城邑降子侯	以朝鮮將漢兵至降侯	以朝鮮相漢兵至圍之降侯	以朝鮮尼谿相使人殺其王右渠來降侯	以小月氏若苴王將衆降侯○索隱曰苴音子餘反	以故中郎將將兵捕得車師王功侯
元年中侯嘉元年 六	三年四月丁卯侯唊元年如淳曰唊音頰 一 四年侯唊薨無後國除	三年四月侯朝鮮相韓陰元年 四	三年六月丙辰侯朝鮮尼谿相侯參元年 四	三 四年十一月丁卯侯稽谷姑元年	四年正月甲申侯王㤜元年 一 四年四月侯㤜坐使酒泉矯制害當死贖國除封凡三月
太初二年侯嘉薨無後國除 二		四	四	太初元年侯稽谷姑薨無後國除	

瓡讘 徐廣曰在河東。瓡音胡。讘之涉反。○索隱曰縣名，案表在河東。志亦同。即狐字	以小月氏王將衆千騎降侯					四年正月乙酉侯扜者元年。索隱曰扜音烏，亦音汙 二 六年侯勝元年	四
幾 索隱曰音機。表在河東	以朝鮮王子漢兵圍朝鮮降侯					四年三月癸未侯張路歸義元年。○索隱曰韋昭云路姑落反 二 元封六年侯張路使朝鮮謀反死國除	
涅陽 索隱曰表在齊。志屬南陽	以朝鮮相路人漢兵至首先降道死其子侯					三 四年三月壬寅康侯子最元年	二 太初二年侯最死無後國除

右太史公本表

當塗 索隱曰表在九江 魏不害以圉守尉捕淮陽反者公孫勇等侯

蒲 索隱曰表在琅邪 蘇昌以圉尉史捕淮陽反者公孫勇等侯

潦陽 索隱曰潦音遼。表在清河 江德以園廐嗇夫共捕淮陽反者公孫勇等侯

富民 索隱曰表在蘄 田千秋家在長陵。以故高廟寢郎上書諫孝武曰：子弄父兵，罪當笞。父子之怒自古有之，蚩尤畔父，黃帝涉江。上書言至意

拜爲大鴻臚征和四年爲丞相封三千户至昭帝時病死子順代立爲虎牙將軍擊匈奴不至質誅死國除（漢書音義曰質所期處也）

右孝武封國名

後進好事儒者褚先生曰太史公記事盡於孝武之事故復修記孝昭以來功臣侯者編于左方令後好事者得覽觀成敗長短絶世之適得以自戒焉當世之君子行權合變度時施宜希世用事以建功有土封侯立名當世豈不盛哉觀其持滿守成之道皆不謙讓驕蹇爭權喜揚聲譽知進不知退終以殺身滅國以三得之（以三得之者即上所謂行權合變度時施宜希世用事也）及身失之不能傳功於後世令恩德流子孫豈不悲哉夫龍頟侯曾爲前將軍世俗順善厚重謹信不與政事退讓愛人其先起於晉六卿之世有土君國以來爲王侯子孫相承不絶歷年經世以至于今凡八百餘歲豈可與功臣及身失之者同日而語之哉悲夫後世其誡之

博陸　霍光家在平陽以兄驃騎將軍故貴前事

武帝覺捕得侍中謀反者馬何羅等功侯三千戶（文穎曰博廣陸平取其嘉名無此縣也　食邑北海何東瓚曰漁陽有博陸城也）中輔幼主昭帝爲大將軍謹信用事擅治尊爲大司馬益封邑萬戶後事宣帝歷事三主天下信鄉之益封二萬戶子禹代立謀反族滅國除

秺（漢書音義曰音妒在濟陰成武今有亭矣）金翁叔名日磾以匈奴休屠王太子從渾邪王將衆五萬降漢歸義侍中事武帝覺捕侍中謀反者馬何羅等功侯三千戶中事昭帝謹厚益封三千戶子弘代立爲奉車都尉事宣帝

安陽（索隱曰表在蕩陰志屬汝南）上官桀家在隴西以善騎射從軍稍貴事武帝爲左將軍覺捕斬侍中謀反者馬何羅弟重合侯通功侯三千戶中事昭帝與大將軍霍光爭權因以謀反族滅國除

桑樂（索隱曰表在千乘）上官安以父桀爲將軍故貴侍中事昭帝安女爲昭帝夫人立爲皇后故侯三千戶驕蹇與大將軍霍光爭權因以父子謀反族滅國除

富平 索隱曰志屬平原 張安世家在杜陵以故御史大夫張湯子武帝時給事尚書爲尚書令事昭帝謹厚習事爲光禄勳右將軍輔政十三年無適過侯三千戸及事宣帝代霍光爲大司馬用事益封萬六千戸子延壽代立爲太僕侍中

義陽 索隱曰表在平氏 傅介子家在北地以從軍爲郎爲平樂監昭帝時刺殺外國王天子下詔書曰平樂監傅介子使外國殺樓蘭王以直報怨不煩師有功其以邑千三百戸封介子爲義陽侯子厲代立爭財相告有罪國除

商利 索隱曰表在徐郡 王山齊人也故爲丞相史會騎將軍上官安謀反山說安與俱入丞相斬安山以軍功爲侯三千戸上書願治民爲代太守爲人所上書言繫獄當死會赦出爲庶人國除

建平 索隱曰表在濟陽 杜延年以故御史大夫杜周子給事大將軍幕府發覺謀反者騎將軍上官安等罪封爲侯邑二千七百戸拜爲太僕

元年出爲西河大守五鳳三年入爲御史大夫

弋陽 索隱曰志屬汝南

任宮以故上林尉捕格謀反者左將軍上官桀殺之便門封爲侯二千戸後爲太常及行衛尉事節儉謹信以壽終傳於子孫

宜城 索隱曰表在濟陰

燕倉以故大將軍幕府軍吏發謀反者騎將軍上官安有罪功封侯邑二千戸爲汝南太守有能名

宜春 索隱曰志屬汝南

王訢家在齊本小吏佐史稍遷至右輔都尉武帝數幸扶風郡訢共置辦拜爲右扶風至孝昭時代桑弘羊爲御史大夫元鳳三年代田千秋爲丞相封二千戸立二年爲人所上書言暴自殺不殊子代立爲屬國都尉

安平 索隱曰表在汝南志屬涿郡

楊敞家在華陰故給事大將軍幕府稍遷至大司農爲御史大夫元鳳六年代王訢爲丞相封二千戸立二年病死子賁代立十三年病死子翁君代立爲典屬國三歲以季父惲故出惡言繫獄當

死得免爲庶人國除

右孝昭時所封國名

陽平 索隱曰志屬東郡 蔡義家在温故師受韓詩爲博士給事大將軍幕府爲杜城門候入侍中授昭帝韓詩爲御史大夫是時年八十衰老常兩人扶持乃能行然公卿大臣議以爲爲人主師當以爲相以元平元年代楊敞爲丞相封二千戸病死絶無後國除

扶陽 索隱曰志屬沛郡表在蕭 韋賢家在魯通詩禮尚書爲博士授魯大儒入侍中爲昭帝師遷爲光祿

大夫大鴻臚長信少府以爲人主師本始三年代蔡義爲丞相封扶陽侯千八百戸爲丞相五歲多恩不習吏事免相就第病死子玄成代立爲太常坐祠廟騎奪爵爲關內侯

平陵 索隱曰表在武當 范明友家在隴西以家世習外國事使護西羌事昭帝拜爲度遼將軍擊烏桓功侯二千戸取霍光女爲妻地節四年與諸霍子禹等謀反族滅國除

營平 索隱曰表在濟南 趙充國以隴西騎士從軍得官侍

中事武帝數將兵擊匈奴有功爲護軍都
尉中事昭帝昭帝崩議立宣帝决疑定策
以安宗廟功侯封二千五百户

陽成 索隱曰表在濟陰非也且濟陰有城陽縣耳而潁川汝南又各有陽城縣城字從土在陽之下今此似誤不可分別也

田延年以軍吏事昭帝發覺上官桀
謀反事後留遲不得封爲大司農本造廢
昌邑王議立宣帝决疑定策以安宗廟功
侯二千七百户逢昭帝崩方上事並急因
以盜都内錢三千萬漢書百官表曰司農屬官有都内發覺
自殺國除

平立 索隱曰志屬陳留表在肥城

王遷家在衛索隱曰一作衙音牙地理志衙縣在馮翊爲
尚書郎習刀筆之文侍中事昭帝帝崩立
宣帝决疑定策以安宗廟功侯二千户爲
光祿大夫秩中二千石坐受諸侯王金錢
財漏泄中事誅死國除

樂成 索隱曰表在平氏志屬南陽

霍山山者大將軍光兄子也
光未死時上書曰臣兄驃騎將軍去病從
軍有功病死賜謚景桓侯絶無後臣光願
以所封東武陽邑三千五百户分與山天
子許之拜山爲侯後坐謀反族滅國除

冠軍 索隱曰志屬南陽 霍雲以大將軍兄驃騎將軍適孫
爲侯地節三年天子下詔書曰驃騎將軍
去病擊匈奴有功封爲冠軍侯薨卒子侯
伐立病死無後春秋之義善善及子孫其
以邑三千戶封雲爲冠軍侯後坐謀反族
滅國除

平恩 索隱曰志屬魏郡 許廣漢家昌邑坐事下蠶室獨有
一女嫁之宣帝未立時素與廣漢出入相
通卜相者言當大貴以故廣漢施恩甚厚
地節三年封爲侯邑三千戶病死無後國
除

昌水 索隱曰表在於陵 田廣明故郎爲司馬稍遷至南郡
都尉淮陽太守鴻臚左馮翊昭帝崩議廢
昌邑王立宣帝決疑定策以安宗廟本始
三年封爲侯邑二千三百戶爲御史大夫
後爲祁連將軍擊匈奴軍不至質當死自
殺國除

高平 索隱曰志屬臨淮 魏相家在濟陰少學易爲府卒史
以賢良舉爲茂陵令遷河南太守坐賊殺
不辜繫獄當死會赦免爲庶人有詔守茂

陵令為楊州刺史入為諫議大夫復為河南太守遷為大司農御史大夫地節三年譖毀韋賢代為丞相封千五百户病死長子賓代立坐祠廟失侯

博望 索隱曰志屬南陽 許中翁 名舜 以平恩侯許廣漢弟封為侯邑二千户亦故有私恩為長樂衛尉死子延年代立

樂平 許翁孫以平恩侯許廣漢少弟故為侯封二千户拜為彊弩將軍擊破西羌還更拜為大司馬光祿勳亦故有私恩故得封嗜

酒好色以早病死子湯代立

將陵 史子回 名曾 以宣帝大母家封為侯二千六百户與平臺侯昆弟行也子回妻宜君故成王孫嫉妬絞殺侍婢四十餘人盜斷婦人初產子臂膝以為媚道為人所上書言論弃市子回以外家故不失侯

平臺 索隱曰志屬常山 史子叔 名玄 以宣帝大母家封為侯二千五百户衛太子時史氏內一女於太子嫁一女魯王今見魯王亦史氏外孫也外家有親以故貴數得賞賜

樂陵 索隱曰志屬臨淮平原亦有樂陵 史子長高名以宣帝大母家貴侍中重厚忠信以發覺霍氏謀反事封三千五百戶

博成 索隱曰表在臨淮 張章父故潁川人爲長安亭長失官之北闕上書寄宿霍氏第舍臥馬櫪間夜聞養馬奴相與語言諸霍氏子孫欲謀反狀因上書告反爲侯封三千戶

都成 索隱曰志屬潁川 金安上先故匈奴以發覺故大將軍霍光子禹等謀反事有功封侯二千八百戶安上者奉車都尉秺侯從羣子行謹善退讓以自持欲傳功德於子孫

平通 索隱曰表在博陽 楊惲家在華陰故丞相楊敞少子任爲郎好士自喜知人居衆人中常與人顏色以故高昌侯董忠引與屛語言霍氏謀反狀共發覺告反侯二千戶爲光祿勳到五鳳四年作爲妖言大逆罪要斬國除

高昌 索隱曰志屬千乘 董忠父故潁川陽翟人以習書詣長安忠有材力能騎射用短兵給事期門漢書東方朔傳曰武帝微行出與侍中常侍武騎及待詔隴西北地良家子能騎射者期諸殿門故有期門之號與張章相習知章告語忠霍禹謀反狀

忠以語常侍騎郎楊惲共發覺告反侯二
千戶今爲梟騎都尉侍中坐祠宗廟乘小
車奪百戶

爰戚 趙成 索隱曰漢表作趙長平 用發覺楚國事侯二千三
百戶地節元年楚王與廣陵王謀反成發
覺反狀天子推恩廣德義下詔書曰無治
廣陵王廣陵王不變更後復坐祝詛滅國
自殺國除今帝復立子爲廣陵王

酇 地節三年天子下詔書曰朕聞漢之興相國
蕭何功第一今絕亡後朕甚憐之其以邑

三千戶封蕭何玄孫建世爲酇侯

平昌 王長君 名無故 家在趙國常山廣望邑人也
衛太子時嫁太子家爲太子男史皇孫爲
配生子男絕不聞聲問行且四十餘歲至
今元康元年中詔徵立以爲侯封五千戶
宣帝舅父也

樂昌 索隱曰表在汝南 王稚君 名武 家在趙國常山廣望邑
人也以宣帝舅父外家封爲侯邑五千戶
平昌侯王長君弟也

邛成 索隱曰表在濟陰 王奉光家在房陵以女立爲宣帝

皇后故封千五百戶言奉光初生時夜見光其上傳聞者以爲當貴云後果以女故爲侯

安遠 索隱曰表在慎

鄭吉家在會稽以卒伍起從軍爲郎使護將弛刑士田渠黎會匈奴單于死國亂相攻日逐王將衆來降漢先使語吉吉將吏卒數百人往迎之衆頗有欲還者因斬殺其渠率遂與俱入漢以軍功侯二千戶

博陽 索隱曰表在南頓

邴吉家在魯本以治獄爲御史屬給事大將軍幕府常施舊恩宣帝遷爲御史大夫封侯二千戶神爵二年代魏相爲丞相立五歲病死子翁孟代立爲將軍侍中甘露元年坐祠宗廟不乘大車而騎至廟門有罪奪爵爲關內侯

建成 索隱曰表在沛

黃霸家在陽夏以役使徙雲陽以廉吏爲河內守丞遷爲廷尉監行丞相長史事坐見知夏侯勝非詔書大不敬罪久繫獄三歲從勝學尚書會赦以賢良舉爲楊州刺史潁川太守善化男女異路耕者

讓畔賜黃金百斤秩中二千石居潁川入
爲太子太傅遷御史大夫五鳳三年代邴
吉爲丞相封千八百戶

西平 索隱曰表在臨淮 于定國家在東海本以治獄給事
爲廷尉史稍遷御史中丞上書諫昌邑王
遷爲光祿大夫爲廷尉乃師受春秋變道
行化謹厚愛人遷爲御史大夫代黃霸爲
丞相

右孝宣時所封

陽平 索隱曰表在東郡 王稚君 名傑。索隱曰漢表名禁 家在魏郡故丞
相史女爲太子妃太子立爲帝女爲皇后
故侯千二百戶初元以來方盛貴用事游
官求官於京師者多得其力未聞其有知
略廣宣於國家也

索隱述贊曰
孝武之代天下多虞南討甌越北擊單于
長平鞠旋冠軍前驅術陽銜璧臨蔡破禺
博陸上宰平津巨儒金章且佩紫綬行紆
昭帝已後勳寵不殊惜哉絕筆褚氏補諸

建元以來侯者年表第八 史記二十

建元已來王子侯者年表第九　史記二十一

制詔御史諸侯王或欲推私恩分子弟邑者令各條上朕且臨定其號名

太史公曰盛哉天子之德一人有慶天下賴之

國名	王子號	元光	元朔	元狩	元鼎	元封	太初
茲	河間獻王子	五年正月壬子侯劉明元年 二	元朔三年侯明坐謀反殺人弃市國除 徐廣曰一作掠殺人弃市				
安成 索隱曰表在豫章	長沙定王子	六年七月乙巳思侯劉蒼元年 一	六	六	元年今侯自當元年 六	六	四
宜春	長沙定王子	六年七月乙巳侯劉成元年 一	六	六	四 五年侯成坐酎金國除		
句容 索隱曰表在會稽	長沙定王子	六年七月乙巳哀侯劉黨元年 一	元朔元年哀侯黨薨無後國除				
句陵 徐廣曰一作容陵	長沙定王子	六年七月乙巳侯劉福元年 一	六	六	四 五年侯福坐酎金國除		

國名	王子號	元光	元朔	元狩	元鼎	元封	太初
杏山	楚安王子	六年後九月壬戌侯劉成元年 一	六	六	四 五年侯成坐酎金國除		
浮丘 索隱曰表在沛	楚安王子	六年後九月壬戌侯劉不審元年 一	六	四 五年今侯霸元年 二	四 五年侯霸坐酎金國除		
廣戚	魯共王子		元年十一月丁酉節侯劉擇元年。徐廣曰擇一作將 六	元年侯始元年 六	四 五年侯始坐酎金國除		
丹揚 索隱曰表在無湖	江都易王子		元年十二月甲辰哀侯敢元年 六	元狩元年侯敢薨無後國除			
盱台	江都易王子		元年十二月甲辰侯劉象之元年。索隱曰表作蒙之 六	六	四 五年侯象之坐酎金國除		
湖孰 索隱曰表在丹陽	江都易王子		元年正月丁亥頃侯劉胥元年。索隱曰表名胥行 六	六	四 五年今侯聖元年 二	六	四
秩陽 索隱曰表作秣陵	江都易王子		元年正月丁卯終侯劉漣元年。索隱曰表名纏 六	六	三 四年終侯漣薨無後國除		
睢陵 索隱曰表在淮陵	江都易王子		元年正月丁卯侯劉定國元年 六	六	四 五年侯定國坐酎金國除		

龍丘 索隱曰表在琅邪	江都易王子		二年五月乙巳侯劉代元年 五	六	四 五年侯代坐酎金国除		
張梁	江都易王子		二年五月乙巳哀侯劉仁元年 五	六	二 三年今侯須元年 四	六	四
劇	菑川懿王子		二年五月乙巳原侯劉錯元年 五	六	一 二年孝侯廣昌元年 五	六	四
壤	菑川懿王子		二年五月乙巳夷侯劉高遂元年 五	六	元年今侯延元年 六	六	四
平望	菑川懿王子		二年五月乙巳夷侯劉賞元年 五	二 二年今侯楚人元年 四	六	六	四
臨原 索隱曰表作臨衆	菑川懿王子		二年五月乙巳敬侯劉始昌元年 五	六	六	六	四
葛魁 徐廣、曰葛一作莒。索隱曰表志闕，或鄉名	菑川懿王子		二年五月乙巳節侯劉寬元年 五	三 四年今侯戚元年 三	二 元鼎三年侯戚坐殺人弃市國除		
益都	菑川懿王子		二年五月乙巳侯劉胡元年 五	六	六	六	四

平酌 索隱曰漢表作平的志屬北海	菑川懿王子		二年五月乙巳戴侯劉彊元年 五	六	元年忠侯中時元年 六	六	四
劇魁 索隱曰志屬北海	菑川懿王子		二年五月乙巳夷侯劉墨元年 五	六	六	元年侯昭元年 三 四年侯德元年	四
壽梁 索隱曰表在壽樂	菑川懿王子		二年五月乙巳侯劉守元年 五	六	四 五年侯守坐酎金国除		
平度 索隱曰志屬東萊	菑川懿王子		二年五月乙巳侯劉衍元年 五	六	六	六	四
宜成 索隱曰表在平原	菑川懿王子		二年五月乙巳康侯劉衍元年 五	六	六 元年侯福元年	六	太初元年侯福坐殺弟弃市国除
臨朐 索隱曰表在東海	菑川懿王子		二年五月乙巳哀侯劉奴元年 五	六	六	六	四
雷 索隱曰表在東海	城陽共王子		二年五月甲戌侯劉稀元年 五	六	五 五年侯稀坐酎金國除		
東莞 索隱曰志在琅邪	城陽共王子		三年五月甲戌侯劉吉元年 三 元朔五年侯吉有痼疾不朝廢國除				

辟 索隱曰表在東海	城陽共王子		二年五月甲戌節侯劉壯元年 三 五年侯朋元年 二	六	四 五年侯朋坐酎金國除		
尉文 索隱曰表在南郡	趙敬肅王子		二年六月甲午節侯劉丙元年 五	元年侯犢元年 六	四 元鼎五年侯犢坐酎金國除		
封斯 索隱曰志屬常山	趙敬肅王子		二年六月甲午共侯劉胡陽元年 五	六	六	六	一 四年今侯如意元年
榆丘	趙敬肅王子		二年六月甲午侯劉壽福元年 五	六	四 元鼎五年侯壽福坐酎金國除		
襄嚵 索隱曰韋昭云廣平縣嚵音仕咸反又仕儉反	趙敬肅王子		二年六月甲午侯劉建元年 五	六	四 元鼎五年侯建坐酎金國除		
邯會 索隱曰志屬魏郡	趙敬肅王子		二年六月甲午侯劉仁元年 五	六	六	六	四
朝 索隱曰凡侯不言郡縣皆表志闕	趙敬肅王子		二年六月甲午侯劉義元年 五	六	二 二年今侯祿元年 四	六	四
東城 索隱曰志屬九江	趙敬肅王子		二年六月甲午侯劉遺元年 五	六	元年侯遺有罪國除		

陰城	望廣 索隱曰志屬涿郡	将梁 索隱曰表在涿郡	新館 索隱曰表在涿郡	新處 索隱曰表在涿郡	陘城 索隱曰表在涿郡志屬中山	蒲領 索隱曰表在東海	西熊
趙敬肅王子	中山靖王子	中山靖王子	中山靖王子	中山靖王子	中山靖王子	廣川惠王子	廣川惠王子
二年六月甲午侯劉蒼元年 五	二年六月甲午侯劉安中元年 五	二年六月甲午侯劉朝平元年 五	二年六月甲午侯劉未央元年 五	二年六月甲午侯劉嘉元年 五	二年六月甲午侯劉貞元年 五	三年十月癸酉侯劉嘉元年 四	三年十月癸酉侯劉明元年 四
六	六	六	六	六	六		
六	六	四 元鼎五年侯朝平坐酎金國除	四 元鼎五年侯未央坐酎金國除	四 元鼎五年侯嘉坐酎金國除	四 元鼎五年侯貞坐酎金國除		
元年侯蒼有罪國除	六						
	四						

東彊 索隱曰志屬清河	廣川惠王子		三年十月癸酉侯劉晏元年 四				
畢梁 索隱曰表在魏郡	廣川惠王子		三年十月癸酉侯劉嬰元年 四	六	六	元封四年侯嬰有罪國除 二	
房光 索隱曰表在魏郡	河間獻王子		三年十月癸酉侯劉殷元年 四	六	元鼎元年殷有罪國除		
距陽	河間獻王子		三年十月癸酉侯劉白元年 四	四 五年侯渡元年 二	四 元鼎五年侯渡有罪國除		
蔞安 索隱曰蔞音力俱反漢表蔞節侯典安字節謚也	河間獻王子		三年十月癸酉侯劉邈元年 四	六	六	元年 六 今侯嬰元年	四
阿武	河間獻王子		三年十月癸酉湣侯劉豫元年 四	六	六	六	三年 二 今侯寬元年
參戶 索隱曰志屬渤海	河間獻王子		三年十月癸酉侯劉勉元年 四	六	六	六	四

州鄉 索隱曰志屬涿郡	河間獻王子		三年十月癸酉節侯劉禁元年 四	六	六	五 六年今侯惠元年 一	四
成平 索隱曰表在南皮	河間獻王子		三年十月癸酉侯劉礼元年 四	二 元狩三年侯礼有罪國除			
廣 索隱曰表在渤海	河間獻王子		三年十月癸酉侯劉順元年 四	六	四 元鼎五年侯順坐酎金國除		
蓋胥 索隱曰漢志在太山表在魏郡	河間獻王子		三年十月癸酉侯劉讓元年 四	六	四 元鼎五年侯讓坐酎金國除		
陪安 索隱曰表在魏郡	濟北貞王子		三年十月癸酉康侯劉不害元年 四	六	一 二年哀侯秦客元年 二 元鼎三年侯秦客薨無後國除		
滎簡 徐廣曰一作營簡。索隱曰漢表作滎關在茌平	濟北貞王子		三年十月癸酉侯劉騫元年 四	二 三年侯騫有罪國除			
周堅	濟北貞王子		三年十月癸酉侯劉何元年 四	四 五年侯當時元年 二	四 元鼎五年侯當時坐酎金國除		

安陽 索隱曰表在平原	濟北貞王子		三年十月癸酉侯劉桀元年 四	六	六	六	四
五據 索隱曰表在泰山	濟北貞王子		三年十月癸酉侯劉臒丘元年。索隱曰舊作臞音劬劉氏烏霍反 四	六	四 元鼎五年侯臒丘坐酎金國除		
富	濟北貞王子		三年十月癸酉侯劉龔元年 四	六	六	六	四
陪 索隱曰表在平原	濟北貞王子		三年十月癸酉繆侯劉明元年 四	六	二 三年侯邑元年 元鼎五年侯邑坐酎金國除		
叢 徐廣曰一作散。索隱曰叢音緅漢表作前在平原今平原無前縣此例非一蓋鄉名也	濟北貞王子		三年十月癸酉侯劉信元年 四	六	四 元鼎五年信侯坐酎金國除		
平 索隱曰志屬河南	濟北貞王子		三年十月癸酉侯劉遂元年 四	元狩元年侯遂有罪國除			

羽 索隱曰志屬平原	胡母 索隱曰表在泰山	離石 索隱曰表在上黨志屬西河	邵 索隱曰表在山陽	利昌 索隱曰志屬齊郡	藺 索隱曰志屬西河
濟北貞王子	濟北貞王子○索隱曰自陪安侯不害已下十一人是濟北貞王子而漢表自安陽侯已下是濟北式王子同是元朔三年十月封恐因此誤也	代共王子	代共王子	代共王子	代共王子
三年十月癸酉侯劉成元年 四	三年十月癸酉侯劉楚元年 四	三年正月壬戌侯劉綰元年 四	三年正月壬戌侯劉憤元年 四	三年正月壬戌侯劉嘉元年 四	三年正月壬戌侯劉憙元年
六	六	六	六	六	
六	四 元鼎五年侯楚坐酎金國除	六	六	六	
六		六	六	六	
四		四	四	四	

臨河 索隱曰志屬朔方	隰成 索隱曰志屬西河	土軍 索隱曰志屬西河	皋狼 索隱曰表在臨淮	千章 徐廣曰一作斥。索隱曰表在平原	博陽 索隱曰志屬汝南	寧陽 索隱曰表在濟南
代共王子	代共王子	代共王子	代共王子	代共王子	齊孝王子	魯共王子
三年正月壬戌侯劉賢元年	三年正月壬子侯劉忠元年	三年正月壬戌侯劉郢客元年	三年正月壬戌侯劉遷元年	三年正月壬戌侯劉遇元年	三年三月乙卯康侯劉就元年 四	三年三月乙卯節侯劉恢元年 四
					六	六
		侯郢客坐與人妻姦棄市			二 三年侯終吉元年 二 元鼎五年侯終吉坐酎金國除	六
						六
						四

瑕丘 索隱曰志屬山陽	魯共王子		三年三月乙卯節侯劉貞元年 四	六	六	六	四
公丘 索隱曰志屬沛郡	魯共王子		三年三月乙卯夷侯劉順元年 四	六	六	六	四
郁狼 索隱曰韋昭云屬魯志不載狼音盧黨反又音郎	魯共王子		三年三月乙卯侯劉騎元年 四	六	四 元鼎五年侯騎坐酎金國除		
西昌	魯共王子		三年三月乙卯侯劉敬元年 四	六	四 元鼎五年侯敬坐酎金國除		
陘城 索隱曰漢表作陸地在辛處於理爲得靖王子貞已封陘二人不應重封	中山靖王子		三年三月癸酉侯劉義元年 四	六	四 元鼎五年侯義坐酎金國除		
邯平 索隱曰表在廣平	趙敬肅王子 索隱曰以異年封故别見於此		三年四月庚辰侯劉順元年 四	六	四 元鼎五年侯順坐酎金國除		

武始 索隱曰表在魏	象氏 索隱曰韋昭云在鉅鹿	易 索隱曰志屬涿郡表在鄗	洛陵 索隱曰表作路陵在南陽	攸輿 索隱曰按今長沙有攸縣本名攸輿乎表在南陽	茶陵 索隱曰表在桂陽志屬長沙	建成 索隱曰表在豫章
趙敬肅王子 索隱曰後立為趙王	趙敬肅王子	趙敬肅王子	長沙定王子	長沙定王子	長沙定王子	長沙定王子
三年四月庚辰侯劉昌元年 四	三年四月庚辰節侯劉賀元年 四	三年四月庚辰安侯劉平元年 四	四年三月乙丑侯劉章元年 三	四年三月乙丑侯劉則元年 三	四年三月乙丑侯劉欣元年 三	四年三月乙丑侯劉拾元年 三
六	六	六	一 元鼎二年侯章有罪國除	六	六	五 元狩六年拾坐不朝不敬國除
六	六	六		六	一 二年哀侯陽元年 五	
六	二 元封三年思侯安德元年 四	四 五年今侯種元年 二		六	六	
四	四	四		太初元年侯則篡死罪弃市國除	太初元年侯陽薨無後國除	

安衆 索隱曰志屬南陽	長沙定王子		四年三月乙丑康侯劉丹元年 三	六	六	二 六年今侯山柎元年索隱曰柎音趺 一	四
葉 索隱曰葉音攝縣名屬南陽	長沙定王子		四年三月乙丑康侯劉嘉元年 三		四 元鼎五年侯嘉坐酎金國除		
利鄉	城陽共王子		四年三月乙丑康侯劉嬰元年 三	二 元狩三年侯嬰有罪國除			
有利 索隱曰表在東海	城陽共王子		四年三月乙丑侯劉釘元年 三	元狩元年侯釘坐遺淮南書稱臣弃市國除			
東平 索隱曰表在東海	城陽共王子		四年三月乙丑侯劉慶元年 三	三 元狩三年侯慶坐與姊妹姦有罪國除			
運平 索隱曰表在東海	城陽共王子		四年三月乙丑侯劉訢元年 三	六	四 元鼎五年侯訢坐酎金國除		
山州	城陽共王子		四年三月乙丑侯劉齒元年 三	六	四 元鼎五年侯齒坐酎金國除		

海常 索隱曰表在琅耶	城陽共王子		四年三月乙丑侯劉福元年 三	六	四 元鼎五年侯福坐酎金國除		
鈞丘 索隱曰漢表作騶丘	城陽共王子		四年三月乙丑侯劉憲元年 三	三 四年今侯執德元年 三	六	六	四
南城	城陽共王子		四年三月乙丑侯劉貞元年 三	六	六	六	四
廣陵 徐廣曰一作陽	城陽共王子		四年三月乙丑常侯劉表元年 三	四 五年侯成元年 二	四 元鼎五年侯成坐酎金國除		
莊原 索隱曰漢表作杜原	城陽共王子		四年三月乙丑侯劉皐元年 三	六	四 元鼎五年侯皐坐酎金國除		
臨樂 索隱曰韋昭云縣名屬勃海	中山靖王子		四年四月甲午敦侯劉光元年。索隱曰謚法善行不怠曰敦 三	六	六	五 六年今侯建元年 一	四
東野	中山靖王子		四年四月甲午侯劉章元年 三	六	六	六	四

高平 索隱曰表在平原	廣川	千鍾 徐廣曰一作重。索隱曰漢表作重侯在平原地理志有重丘也	披陽 索隱曰蕭該披音皮劉氏音皮彼反志屬千乘	定 索隱曰定地名	稻 索隱曰志屬琅耶
中山靖王子	中山靖王子	河間獻王子	齊孝王子	齊孝王子	齊孝王子
四年四月甲午侯劉嘉元年 三	四年四月甲午侯劉頗元年 三	四年四月甲午侯劉搖元年一云劉陰 三	四年四月乙丑敬侯劉燕元年 三	四年四月乙卯敬侯劉越元年。索隱曰漢表作數侯數謚也說文云數讀如躍 三	四年四月乙丑夷侯劉定元年 三
六	六	一 元狩二年侯陰不使人爲秋請有罪國除	六	六	六
四 元鼎五年侯嘉坐酎金國除	四 元鼎五年侯頗坐酎金國除		四 五年今侯隅元年 二	三 四年今侯德元年 三	二 二年今侯都陽元年 四
			六	六	六
			四	四	四

山	索隱曰表在渤海	齊孝王子	四年四月乙卯侯劉國元年 三	六	六	六	四
繁安		齊孝王子	四年四月乙卯侯劉忠元年 三	六	六	六	三 四年今侯壽元年 三
柳		齊孝王子	四年四月乙卯康侯劉陽元年 三	六	三 四年侯罷師元年 三	四 五年侯自爲元年 二	四
雲	索隱曰志屬琅耶	齊孝王子	四年四月乙卯夷侯劉信元年 三	六	五 六年今侯歲發元年 一	六	四
牟平	徐廣曰一作羊。索隱曰志屬東萊	齊孝王子	四年四月乙卯恭侯劉渫元年。索隱曰渫音薛 三	三 四年今侯奴元年 四	六	六	四
柴	索隱曰志屬泰山	齊孝王子	四年四月乙卯原侯劉代元年 三	六	六	六	四
栢陽	索隱曰表在中山	趙敬肅王子	五年十一月辛酉侯劉終古元年 二	六	六	六	四

鄗 索隱曰漢表鄗作歊音許昭反志屬常山郡	趙敬肅王子		五年十一月辛酉侯劉延年元年 二	六	四 元鼎五年侯延年坐酎金国除		
桑丘 索隱曰表在深澤	中山靖王子		五年十一月辛酉節侯劉洋元年。索隱曰漢表名將夜 二	六	三 四年今侯德元年 三	六	四
高丘	中山靖王子		五年三月癸酉哀侯劉破胡元年 二	六	元鼎元年侯破胡薨无後国除		
柳宿 索隱曰表在涿郡	中山靖王子		五年三月癸酉夷侯劉蓋元年 二	二 二年侯蘇元年 四	四 元鼎五年侯蘇坐酎金国除		
戎丘	中山靖王子		五年三月癸酉侯劉讓元年 二	六	四 元鼎五年侯讓坐酎金国除		
樊輿	中山靖王子		五年三月癸酉節侯劉條元年 二	六	六	六	四
曲成 索隱曰表在涿郡	中山靖王子		五年三月癸酉侯劉万歲元年 二	六	四 元鼎五年侯万歲坐酎金国除		

安郭 索隱曰表在涿郡	安險 索隱曰志屬中山	安遙 索隱曰表作安道	夫夷	舂陵 索隱曰志屬南陽	都梁 索隱曰志屬零陵	洮陽 索隱曰志屬零陵洮音滔又音道
中山靖王子	中山靖王子	中山靖王子	長沙定王子	長沙定王子	長沙定王子	長沙定王子
五年三月癸酉侯劉博元年 二	五年三月癸酉侯劉應元年 二	五年三月癸酉侯劉恢元年 二	五年三月癸酉敬侯劉義元年 二	五年六月壬子侯劉買元年 二	五年六月壬子敬侯劉遂元年 二	五年六月壬子靖侯劉狗彘元年。索隱曰漢表名將燕 二
六	六	六	六	六	六	五 元狩六年侯狗彘薨無後國除
六	四 元鼎五年侯應坐酎金國除	四 元鼎五年侯恢坐酎金國除	四 五年今侯禹元年 二	六	一 元年今侯係元年 六	
六			六	六	六	
四			四	四	四	

泉陵 索隱曰志屬零陵	長沙定王子		五年六月壬子節侯賢元年 二	六	六	六	四
終弋 索隱曰表在汝南	衡山王賜子		六年四月丁丑侯劉廣置元年 二	六	四 元鼎五年侯廣置坐酎金國除		
麥 索隱曰表在琅耶	城陽頃王子			元年四月戊寅侯劉昌元年 六	四 元鼎五年侯昌坐酎金國除		
鉅合 索隱曰表在平原	城陽頃王子			元年四月戊寅侯劉發元年 六	四 元鼎五年侯發坐酎金國除		
昌 索隱曰志屬琅耶	城陽頃王子			元年四月戊寅侯劉差元年 六	四 元鼎五年侯差坐酎金國除		
蕢 索隱曰或作費音祕又扶味反表在琅耶	城陽頃王子			元年四月戊寅侯劉方元年 六	四 元鼎五年侯方坐酎金國除		
雩殷 索隱曰志屬琅耶表作虖葭音呼加	城陽頃王子			元年四月戊寅康侯劉澤元年 六	六	六	四
石洛 索隱曰表在琅耶	城陽頃王子			元年四月戊寅侯劉敬元年 六	六	六	四

扶浸 索隱曰漢表作挾術在琅耶浸音侵	挍 索隱曰音効志闕說者或以爲琅耶被縣恐非	朸 索隱曰音勤朸縣屬平原	父城 徐廣曰一作六。索隱曰志在遼西表在東海	庸 索隱曰表在琅耶	翟 索隱曰表在東海
城陽頃王子	城陽頃王子	城陽頃王子	城陽頃王子	城陽頃王子	城陽頃王子
元年四月戊寅侯劉昆吾元年 六	元年四月戊寅侯劉霸元年。索隱曰按城陽頃王子二十二人挍侯名雲挾釐侯名霸此止十九人疑脫 六	元年四月戊寅侯劉讓元年 六	元年四月戊寅侯劉光元年 六	元年四月戊寅侯劉譚元年。索隱曰漢表名餘 六	元年四月戊寅侯劉壽元年 六
六	六	六	四 元鼎五年侯光坐酎金國除	六	四 元鼎五年侯壽坐酎金國除
六	六	六		六	
四	四	四		四	

鑪 索隱曰表在襄賁音奔又音肥縣名	彭 索隱曰表在東海	瓡 徐廣曰一作報。索隱曰縣名志屬北海顏師古曰即狐字	虛水 索隱曰虛音墟志屬琅耶	東淮 索隱曰表在東海	栒 索隱曰栒音荀表作栒音俱在東海紫志栒在扶風與栒別也	涓 索隱曰表作涓在東海音育按涓水在南陽南陽有涓陽縣疑表非也
城陽頃王子	城陽頃王子	城陽頃王子	城陽頃王子	城陽頃王子	城陽頃王子	城陽頃王子
元年四月戊寅侯劉應元年 六	元年四月戊寅侯劉偃元年 六	元年四月戊寅侯劉息元年 六	元年四月戊寅侯劉禹元年 六	元年四月戊寅侯劉類元年 六	元年四月戊寅侯劉買元年 六	元年四月戊寅侯劉不疑元年 六
四 元鼎五年侯應坐酎金國除	四 元鼎五年侯偃坐酎金國除	六	六	四 元鼎五年侯類坐酎金國除	四 元鼎五年侯買坐酎金國除	四 元鼎五年侯不疑坐酎金國除
		六	六			
		四	四			

陸 索隱曰表在壽光	廣饒 索隱曰志屬齊郡	缾 索隱曰缾音瓶韋昭云古缾邑音蒲經反志屬琅耶	俞閭	甘井 索隱曰表在鉅鹿	襄陵 索隱曰表在鉅鹿志屬河東	皋虞 索隱曰志屬琅耶	魏其 索隱曰志屬琅耶
菑川靖王子	菑川靖王子	菑川靖王子	菑川靖王子	廣川穆王子	廣川穆王子	膠東康王子	膠東康王子
元年四月戊寅侯劉何元年 六	元年十月辛卯康侯劉國元年 六	元年十月辛卯侯劉成元年 六	元年十月辛卯侯劉不害元年 六	元年十月乙酉侯劉元元年 六	元年十月乙酉侯劉聖元年 六		
六	六	六	六	六	六	元年五月丙午侯劉建元年 三 四年今侯處元年 三	元年五月丙午暢侯劉昌元年 六
六	六	六	六	六	六	六	六
四	四	四	四	四	四	四	四

祝茲 索隱曰案志松茲在廬江亦作祝茲表在琅耶劉氏云諸侯封名史漢表多有不同不敢輒改今亦略檢表志同異以備多識也	膠東康王子				元年五月丙午侯劉延元年 四 元鼎五年延坐弃印綬出國不敬國除	

索隱述贊曰

漢氏之初　矯枉過正　欲大本枝
先封同姓　建元已後　藩翰克盛
主父上言　推恩下令　長沙濟北
中山趙敬　分邑廣封　振振在詠
扞城禦侮　曄曄輝映　百足不僵
一人有慶

建元已來王子侯者年表第九　史記二十一

漢興以來將相名臣年表第十　史記二十二

	高皇帝元年	二	三	四	五	六
大事記 索隱曰謂誅伐封建薨叛	春沛公為漢王之南鄭秋還定雍	春定塞翟魏河南韓殷國夏伐項籍至彭城還據滎陽	魏豹反使韓信別定魏伐趙楚圍我滎陽	使韓信別定齊及燕太公自楚歸與楚界洪渠	入都關中。索隱曰咸陽也東函谷南嶢武西散關北蕭關在四關之中用劉敬張良之計故也 冬破楚垓下殺項籍春王踐皇帝位定陶。索隱曰垓音陔堤名在洨縣定陶在濟陰沉水之陽	尊太公為太上皇劉仲為代王立大市更命咸陽曰長安索隱曰案上盧綰已封長安侯者蓋當時別有長安號
相位 索隱曰置立丞相太尉三公	一　丞相蕭何守漢中	二　守關中	三	四	五　罷太尉官	六　封為酇侯張蒼為計相。索隱曰計相主天下書計及計吏
將位 索隱曰命將興師	一　太尉長安侯盧綰	二	三　周苛守滎陽死	四　後九月綰為燕王		
御史大夫位 索隱曰亞相	御史大夫周苛守滎陽		御史大夫汾陽侯周昌。索隱曰汾陽屬河東			

七	八	九	十	十一	十二	孝惠元年	二
長樂宮成自櫟陽徙長安伐匈奴匈奴圍我平城	擊韓信反虜於趙城貫高作亂明年覺誅之匈奴攻代王代王棄國亡廢爲郃陽侯。索隱曰郃音合在馮翊劉仲封	未央宮成置酒前殿太上皇輦上坐帝奉玉卮上壽曰始常以臣不如仲力今臣功孰與仲多太上皇笑殿上稱萬歲徙齊田楚昭屈景于關中	太上皇崩陳豨反代地	誅淮陰彭越黥布反	冬擊布還過沛夏上崩置長陵	趙隱王如意死始作長安城西北方除諸侯丞相爲相	楚元王齊悼惠王來朝 七月辛未何薨
七	八	九 遷爲國相	十	十一	十二	十三	十四 七月癸巳齊相平陽侯曹參爲相國
				周勃爲太尉攻代後官省			
		御史大夫昌爲趙丞相	御史大夫江邑侯趙堯				

三	四	五	六	七	高后元年	二	三
初作長安城蜀湔氐反擊之○索隱曰湔音煎氐音低蜀郡縣名	三月甲子赦無所復作	為高祖立廟於沛城成置歌兒一百二十人 八月乙丑參卒	七月齊悼惠王薨立太倉西市八月赦齊	上崩大臣用張辟彊計呂氏權重以呂台為呂王立少帝己卯葬安陵	王孝惠諸子置孝悌力田	十二月呂王台薨子嘉代立為呂王行八銖錢	
二	三	四	一 十月乙巳安國侯王陵為右丞相 十月己巳曲逆侯陳平為左丞相	二	三 十一月甲子徙平為右丞相辟陽侯審食其為左丞相	四 平 二 食其	五 三
			堯抵罪				
			廣阿侯任敖為御史大夫徐廣曰漢書曰在高后元年			平陽侯曹窋為御史大夫一本在六年○索隱曰窋音竹律反	

年	大事記	相位	將位	御史大夫位
四	廢少帝更立常山王弘爲帝	六 置太尉官 四	一 絳侯周勃爲太尉	
五	八月淮陽王薨以其弟壺關侯武爲淮陽王令戍卒歲更	七 五	二	
六	以呂産爲呂王四月丁酉赦天下晝昏	八 六	三	
七	趙王幽死以呂祿爲趙王梁王徙趙自殺	九 七	四	
八	七月高后崩九月誅諸呂後九月代王至踐位皇帝 後九月食其免相	十 七月辛巳爲帝太傅九月丙戌復爲丞相 八	五 隆慮侯竈爲將軍擊南越徐廣曰姓周	御史大夫蒼君
孝文元年	除收孥相坐律立太子賜民爵	十一 十一月辛巳平徙爲左丞相太尉絳侯周勃爲右丞相	六 勃爲相潁陰侯灌嬰爲太尉	
二	除誹謗律皇子武爲代王參爲太原王勝爲梁王 十月丞相平薨	一 十一月乙亥絳侯勃復爲丞相	一	
三	徙代王武爲淮陽王上幸太原濟北王反匈奴大入上郡以地盡與太原太原更號代 十一月壬子勃免相之國	一 十二月乙亥太尉潁陰侯灌嬰爲丞相 罷太尉官	二 棘蒲侯陳武爲大將軍擊濟北昌侯盧卿共侯盧罷師甯侯遬深澤侯將夜皆爲將軍屬武祁侯賀將兵屯滎陽徐廣曰遬姓魏將夜姓趙	

四	十二月乙巳嬰卒	一 正月甲午御史大夫北平侯張蒼爲丞相	安丘侯張說爲將軍擊胡出代	關中侯申屠嘉爲御史大夫
五	除錢律民得鑄錢	二		
六	廢淮南王遷嚴道道死雍。索隱曰嚴道在蜀雍在扶風	三		
七	四月丙子初置南陵	四		
八	太僕汝陰侯滕公卒。索隱曰夏侯嬰爲滕令故曰滕公	五		
九	溫室鍾自鳴以芷陽鄉爲霸陵。索隱曰芷音止又音昌致反地理志有芷陽縣霸陵今霸水	六		御史大夫敬
十	諸侯王皆至長安	七		
十一	上幸代地動	八		
十二	河決東郡金堤徙淮陽王爲梁王	九		
十三	除肉刑及田租稅律戍卒令	十		
十四	匈奴大入蕭關發兵擊之及屯長安旁	十一	成侯董赤內史欒布昌侯盧卿隆慮侯竈甯侯遬皆爲將軍東陽侯張相如爲大將軍皆擊匈奴中尉周舍郎中令張武皆爲將軍屯長安旁	

十五	黃龍見成紀上始郊見雍五帝	十二		
十六	上始見渭陽五帝	十三		
後元元年	新垣平詐言方士覺誅之	十四		
二	匈奴和親地動 八月戊辰蒼免相	十五 八月庚午御史大夫申屠嘉爲丞相封故安侯		御史大夫青
三	置谷口邑	二		
四		三		
五	上幸雍	四		
六	匈奴三萬人入上郡二萬人入雲中	五	以中大夫令免爲車騎將軍軍飛狐故楚相蘇意爲將軍軍句注將軍張武屯北地河內守周亞夫爲將軍軍細柳宗正劉禮軍霸上祝茲侯徐厲軍棘門以備胡數月胡去亦罷。索隱曰句如字又音鉤	
七	六月己亥孝文皇帝崩其年丁未太子立民出臨三日葬霸陵	六	中尉亞夫爲車騎將軍郎中令張武爲復土將軍屬國捍爲將屯將軍詹事戎奴爲車騎將軍侍太后。索隱曰復音伏捍戶幹反亦作悍徐廣曰姓徐一名厲即祝茲侯	

年	大事記	相位	將位	御史大夫位
孝景元年	立孝文皇帝廟郡國爲太宗廟	七 置司徒官		
二	立皇子德爲河間王閼爲臨江王餘爲淮南王非爲汝南王彭祖爲廣川王發爲長沙王四月中孝文太后崩 嘉卒	八 開封侯陶青爲丞相		御史大夫錯
三	吳楚七國反發兵擊皆破之皇子端爲膠西王勝爲中山王	二 置太尉官	中尉條侯周亞夫爲太尉擊吳楚曲周侯酈寄爲大將軍擊趙竇嬰爲大將軍屯滎陽欒布爲大將軍擊齊○索隱曰條一作脩渤海有脩市縣	
四	立太子	三	二 太尉亞夫	御史大夫蚡
五	置陽陵邑 丞相北平侯張蒼卒	四	三	御史大夫陽陵侯岑邁
六	徙廣川王彭祖爲趙王	五	四	
七	廢太子榮爲臨江王四月丁巳膠東王立爲太子 青罷相	六月乙巳太尉條侯亞夫爲丞相 罷太尉官	五 遷爲丞相	御史大夫舍
中元元年		二		
二	皇子越爲廣川王寄爲膠東王	三		

三	四	五	六	後元元年	二	三	孝武建元元年 索隱曰年之有號始自武帝自建元至後元共六十一號
皇子乘爲清河王 亞夫免相	臨江王衛自殺葬藍田燕數萬爲銜土置冢上	皇子舜爲常山王	梁孝王武薨分梁爲五國王諸子子買爲梁王明爲濟川王彭離爲濟東王定爲山陽王不識爲濟陰王	五月地動七月乙巳日蝕 舍免		正月甲子孝景崩二月丙子太子立	綰免
四 御史大夫桃侯劉舍爲丞相	二	三	四	五 八月壬辰御史大夫建陵侯衛綰爲丞相	二	三	四 魏其侯竇嬰爲丞相 罷太尉
					六月丁巳御史大夫岑邁卒		武安侯田蚡爲太尉
御史大夫綰				御史大夫不疑			御史大夫抵 漢表云牛抵

二	三	四	五	六	元光元年	二	三	四
置茂陵 嬰免相	東甌王廣武侯望率其衆四萬餘人來降處廬江郡		行三分錢徐廣曰漢書云半兩四分曰兩	正月閩越王反孝景太后崩徐廣曰景帝母竇氏 昌免相		帝初之雍郊見五畤	五月丙子決河於瓠子	十二月丁亥地動 蚡卒
二月乙未太常柏至侯許昌爲丞相 蚡免太尉罷太尉官	二	三	四	五 六月癸巳武安侯田蚡爲丞相	二	三	四	五 平棘侯薛澤爲丞相
				青翟爲太子太傅		夏御史大夫韓安國爲護軍將軍衛尉李廣爲驍騎將軍太僕公孫賀爲輕車將軍大行王恢爲將屯將軍太中大夫李息爲材官將軍篡單于馬邑不合誅恢		
御史大夫趙綰。索隱曰代衛綰者		御史大夫青翟。索隱曰姓莊		御史大夫安國				御史大夫歐

年	大事記	相位	將位	御史大夫位
五	十月族灌夫家弃魏其侯市	二		
六	南夷始置郵亭	三	太中大夫衛青爲車騎將軍出上谷衛尉李廣爲驍騎將軍出鴈門太中大夫公孫敖爲騎將軍出代太僕公孫賀爲輕車將軍出雲中皆擊匈奴	
元朔元年	衛夫人立爲皇后	四	車騎將軍青出鴈門擊匈奴衛尉韓安國爲將屯將軍軍代明年屯漁陽卒	
二		五	春車騎將軍衛青出雲中至高闕取河南地	
三	匈奴敗代太守友 徐廣曰太守姓共名友	六		御史大夫弘
四	匈奴入定襄代上郡	七		
五	匈奴敗代都尉朱英 澤免相	八 十一月乙丑御史大夫公孫弘爲丞相封平津侯	春長平侯衛青爲大將軍擊右賢衛尉蘇建爲游擊將軍屬青左內史李沮爲強弩將軍太僕賀爲車騎將軍代相李蔡爲輕車將軍岸頭侯張次公爲將軍大行息爲將軍皆屬大將軍擊匈奴 索隱曰沮音子如反	

六	元狩元年	二	三	四
	十月中淮南王安衡山王賜謀反皆自殺國除	匈奴入鴈門代郡江都王建反膠東王子慶立爲六安王 弘卒	匈奴入右北平定襄	
二	三	四 御史大夫樂安侯李蔡爲丞相	二	三
大將軍青再出定襄擊胡合騎侯公孫敖爲中將軍太僕賀爲左將軍郎中令李廣爲後將軍翕侯趙信爲將軍敗降匈奴衛尉蘇建爲將軍敗身脫皆屬青左內史沮爲彊弩將軍		冠軍侯霍去病爲驃騎將軍擊胡至祁連合騎侯敖爲將軍出北地博望侯張騫郎中令李廣爲將軍出右北平		大將軍青出定襄郎中令李廣爲前將軍太僕公孫賀爲左將軍主爵趙食其爲右將軍平陽侯曹襄爲後將軍擊單于
	御史大夫蔡	御史大夫湯		

五	蔡坐侵園堧自殺 索隱曰堧而緣反 堧垣外垣短墻也	四 太子少傅武彊侯莊青翟為丞相		
六	四月乙巳皇子閎為齊王旦為燕王胥為廣陵王	二		
元鼎元年		三		
二	青翟有罪自殺	四 太子太傅高陵侯趙周為丞相	湯有罪自殺	御史大夫慶
三		二		
四	立常山憲王子平為真定王商為泗水王六月中河東汾陰得寶鼎	三		
五	三月中南越相嘉反殺其王及漢使者 八月周坐酎金自殺	四 九月辛巳御史大夫石慶為丞相封牧丘侯	衛尉路博德為伏波將軍出桂陽主爵楊僕為樓船將軍出豫章皆破南越	
六	十二月東越反	二	故龍額侯韓說為橫海將軍樓船將軍楊僕出會稽豫章中尉王温舒出會稽皆破東越	
元封元年		三		御史大夫寬 索隱曰兒寬
二		四	秋樓船將軍楊僕左將軍荀彘出遼東擊朝鮮	

三		五		
四		六		
五		七		
六		八		
太初元年	改曆以正月爲歲首。索隱曰始用夏正也	九		
二	正月戊申慶卒	十　三月丁卯太僕公孫賀爲丞相封葛繹侯		
三		二		御史大夫延廣
四		三		
天漢元年		四		御史大夫卿。索隱曰王卿
二		五		
三		六		御史大夫周。索隱曰杜周
四		七	春貳師將軍李廣利出朔方至余吾水上游擊將軍韓說出五原因杅將軍公孫敖皆擊匈奴。索隱曰杅音于因杅地名	

太始元年 班固云司馬遷記事訖于天漢自此已後後人所續。索隱曰即褚先生所補也後史所記不無異呼故今不討論也	二	三	四	征和元年	二	三	四	後元元年
				冬賀坐為蠱死	七月壬午太子發兵殺游擊將軍說使者江充	六月劉屈氂因蠱斬		
八	九	十	十一	十二	三月丁巳涿郡太守劉屈氂為丞相封彭城侯	二	六月丁巳大鴻臚田千秋為丞相封富民侯	二
						春貳師將軍李廣利出朔方以兵降胡重合侯莽通出酒泉御史大夫商丘成出河西擊匈奴		
		御史大夫勝之			御史大夫成			

二		三	二月己巳光祿大夫霍光爲大將軍博陸侯都尉金日磾爲車騎將軍秺侯太僕安陽侯上官桀爲大將軍	
孝昭始元元年		四 九月日磾卒		
二		五		
三		六		
四		七	三月癸酉衛尉王莽爲左將軍騎都尉上官安爲車騎將軍	
五		八		
六		九		
元鳳元年		十	九月庚午光祿勳張安世爲右將軍	御史大夫訢
二		十一		
三		十二	十二月庚寅中郎將范明友爲度遼將軍擊烏丸	
四	三月甲戌千秋卒	三月乙丑御史大夫王訢爲丞相封富春侯		御史大夫楊敞

五	六	元平元年	孝宣本始元年	二	三
十二月庚戌訢卒		敞卒			三月戊子皇后崩 六月乙丑義薨
二	十一月乙丑御史大夫楊敞為丞相封安平侯	九月戊戌御史大夫蔡義為丞相封陽平侯	二	三	六月甲辰長信少府韋賢為丞相封扶陽侯 田廣明田順擊胡還皆自殺充國奪將軍印
	九月庚寅衛尉平陵侯范明友為度遼將軍擊烏丸	四月甲申光祿大夫龍額侯韓曾為前將軍五月丁酉水衡都尉趙充國為後將軍右將軍張安世為車騎將軍		七月庚寅御史大夫田廣明為祁連將軍龍額侯韓曾為後將軍營平侯趙充國為蒲類將軍度遼將軍平陵侯范明友為雲中太守富民侯田順為虎牙將軍皆擊匈奴	
		御史大夫昌水侯田廣明			御史大夫魏相

四	十月乙卯立霍后	二		
地節元年		三		
二		四 三月庚午將軍光卒	二月丁卯侍中中郎將霍禹爲右將軍	
三	立太子 五月甲申丞相賢老賜金百斤	六月壬辰御史大夫魏相爲丞相封高平侯	七月安世爲大司馬衛將軍禹爲大司馬	御史大夫邴吉
四		二 七月壬寅禹要斬		
元康元年		三		
二		四		
三		五		
四		六 八月丙寅安世卒		
神爵元年	上郊甘泉太畤汾陰后土	七	四月樂成侯許延壽爲強弩將軍後將軍充國擊羌酒泉太守辛武賢爲破羌將軍韓曾爲大司馬車騎將軍	
二	上郊雍五畤祋栩出寶璧玉器	八		
三	三月相卒	四月戊戌御史大夫邴吉爲丞相封博陽侯		御史大夫望之

四	五鳳元年	二	三	四	甘露元年	二	三	四	黃龍元年	孝元初元元年	二	三
			正月吉卒			赦殊死賜高年及鰥寡孤獨帛女子牛酒	三月己丑霸薨					
二	三	四 五月己丑增卒	三月壬申御史大夫黃霸為丞相封建成侯	二	三 三月丁未延壽卒	四	七月丁巳御史大夫于定國為丞相封西平侯	二	三	四	五	六
		五月延壽為大司馬車騎將軍							樂陵侯史子長為大司馬車騎將軍太子太傅蕭望之為前將軍			十二月執金吾馮奉世為右將軍
		御史大夫霸	御史大夫延年			御史大夫定國	太僕陳萬年為御史大夫					

四		七		
五		八	二月丁巳平恩侯許嘉爲左將軍	中少府貢禹爲御史大夫十二月丁未長信少府薛廣德爲御史大夫
永光元年	十月戊寅定國免	九 七月子長免就第	九月衛尉平昌侯王接爲大司馬車騎將軍 二月廣德免	七月太子太傅韋玄成爲御史大夫
二	三月壬戌朔日食	二月丁酉御史大夫韋玄成爲丞相封扶陽侯賢子	七月太常任千秋爲奮武將軍擊西羌雲中太守韓次君爲建威將軍擊羌後不行	二月丁酉右扶風鄭弘爲御史大夫
三		二	右將軍平恩侯許嘉爲車騎將軍侍中光祿大夫樂昌侯王商爲右將軍右將軍馮奉世爲左將軍	
四		三		
五		四		
建昭元年		五		
二		六	弘免	光祿勳匡衡爲御史大夫
三	六月甲辰丞相玄成薨	七月癸亥御史大夫匡衡爲丞相封樂安侯		衛尉繁延壽爲御史大夫

四		二		
五		三		
竟寧元年		四	六月己未，衛尉楊平侯王鳳為大司馬大將軍	三月丙寅，太子少傅張譚為御史大夫 延壽卒
孝成建始元年		五		
二		六		
三	十二月丁丑，衡免	七 八月癸丑，遣光祿勳詔嘉上印綬免，賜金二百斤	十月，右將軍樂昌侯王商為光祿大夫右將軍，執金吾弋陽侯任千秋為右將軍	廷尉尹忠為御史大夫 譚免
四		三月甲申，右將軍樂昌侯王商為右丞相	任千秋為左將軍，長樂衛尉史丹為右將軍 十月己亥，尹忠自剄殺	少府張忠為御史大夫
河平元年		二		
二		三		
三		四	十月辛卯，史丹為左將軍，太僕平安侯王章為右將軍	
四	四月壬寅，丞相商免	六月丙午，諸吏散騎光祿大夫張禹為丞相		
陽朔元年		二		

二		三	張忠卒	六月太僕王音為御史大夫
三			九月甲子御史大夫王音為車騎將軍	十月乙卯光祿勳于永為御史大夫
四		七月乙丑右將軍光祿勳平安侯王章卒	閏月壬戌永卒	
鴻嘉元年	三月禹卒	四月庚辰薛宣為丞相		

索隱述贊曰

高祖初起　嘯命羣雄　天下未定
王我漢中　三傑既得　六奇獻功
章邯已破　蕭何築宮　周勃厚重
朱虛至忠　平津作相　條侯攄戎
丙魏立志　湯堯飾躬　天漢之後
表述非功

漢興以來將相名臣年表第十　史記二十二